Credo islámico
{Al-Aqidah Al-Wasitiyah}
Ibn Taymiyyah

Traducido y comentado por Al Reshah.

Alreshah.net

Canadá.

Copyright © 2020 por **Alreshah.**

Todos los derechos reservados. Ninguna parte de esta publicación puede ser reproducida, distribuida o transmitida de ninguna forma, ni por ningún medio sin permiso previo por escrito.j

Alreshah.
www.Alreshah.net

Nota del editor: Esta es la traducción del libro sin cambios de significado lo mejor que pudo lograr el traductor con algunos comentarios en la nota al pie de página para hacer aclaratorias. Si encuentra algún error, contáctenos a través de nuestro sitio web alreshah.net.

Diseño de libro © 2017.
Credo islámico {Al-Aqidah Al-Wasitiyah} / Ibn Taymiyyah. 1era. ed.
ISBN 978-1-989875-18-6

El libro es una traducción y refleja los puntos de vista del autor y no de Al Reshah.

Ibn Taymiyyah explicó su propósito de escribir el siguiente libro de esta forma:

"Esta es la razón por lo que lo escribí: un hombre de la tierra de Wāsiṭ se me acercó, uno de los jueces de sus regiones, un jeque llamado Raḍī al-Dīn al-Wāsiṭī, que era un erudito de la escuela Shāfi'ī. Se acercó a nosotros durante la peregrinación del Hajj y estaba entre la gente virtuosa y religiosa. Se quejó de la gente entre él en esa tierra bajo el gobierno tártaro, del predominio de la ignorancia y la opresión, la pérdida de la religión y el conocimiento. Me pidió que le escribiera un credo en el que él y su familia pudieran confiar. Me abstuve y dije: 'La gente ha escrito varios textos de credos, así que tome uno de los credos escritos por la escuela de la Sunnah'. Él persistió y dijo: 'No, me gustaría que nadie más que tú lo escriba. "Así que escribí este libro para él, mientras estaba sentado después del mediodía, y se han distribuido muchas copias en Egipto, Irak y otros lugares.

Fuente: Majmū 'al-Fatāwá 3/164

"Nota del traductor: El autor pone el siguiente versículo del Corán para confirmar los atributos de Alá; para una mayor comprensión del contexto del versículo y el significado, por favor, consulte otros libros especializados en la explicación del Corán. Y esos versículos no deben ser eliminados de contexto como en el Islam, el Corán es una unidad y debe entenderse dentro del contexto del libro completo "

Contents

En el nombre de Alá, el *más* clemente, el *más* misericordioso.. 9

Luego, en la Sunnah del mensajero (la paz sea con él) 39

Capítulo 45

Capítulo 47

El Corán es la palabra de Alá.. 49

Capítulo 51

Capítulo 53

Entre los cimientos del pueblo de Sunnah. 61

Los fundamentos para la gente de Sunnah y Consensus 65

Siga los pasos del mensajero (la paz sea con él) en público y en privado. 71

Además de estos fundamentos. 73

CREDO ISLÁMICO

• CAPÍTULO 1 •

En el nombre de Alá, el *más* clemente, el *más* misericordioso

Toda la alabanza es para Alá, quien envió a *su* mensajero con la guía y la religión de la verdad para que sea manifestada sobre todas las religiones. ¡Alá basta como testigo! Doy testimonio de que no hay más deidad que Alá, sin ningún socio, confesando y creyendo en *su* unidad, y doy testimonio de que Mohammad es *su* siervo y mensajero, que Alá le conceda *su* misericordia y paz abundantemente a él y a su familia.

Esta es la creencia del grupo Salvado y Victorioso hasta el día del juicio: la gente de la Sunnah y el Consenso, que es la creencia en Alá, *sus* ángeles, *sus* libros, *sus* mensajeros, la resurrección después de la muerte y la creencia en el destino, el bien y el mal.

Creer en Alá incluye creer en lo que Él mismo describió en *su* libro y en lo que *su* mensajero, Mohammad (la paz sea con él), describió, sin distorsión o despojo *Ta'til*, sin ajuste *Tak'ief* o comparación *Tamthil*; más bien, creen que no hay nada como Alá (el Exaltado[1]), y Él es el que oye, el que ve.

Por lo tanto, no niegan lo que Él se atribuyó a *sí* mismo, no distorsionan las palabras de su uso [apropiado], no practican la desviación con respecto a los nombres y versos de Alá, no realizan *Tak'ief* ni establecen analogías entre *sus* atributos y los de *su* creación, porque Él (el Exaltado) no tiene comparable, equivalente o igual, y no es comparado con *su* creación (bendito y exaltado Él es), porque Él se conoce mejor a *sí* mismo y a los demás, y es más veraz en *su* declaración y mejor en el habla que *su* creación. A continuación, *sus* mensajeros son veraces y creyentes, a diferencia de aquellos que dicen de Él lo que sus obras contradicen. Por eso Él dijo:

سُبْحَانَ رَبِّكَ رَبِّ الْعِزَّةِ عَمَّا يَصِفُونَ ﴿١٨٠﴾ وَسَلَامٌ عَلَى الْمُرْسَلِينَ ﴿١٨١﴾ وَالْحَمْدُ لِلَّهِ رَبِّ الْعَالَمِينَ ﴿١٨٢﴾

---

[1] De la definición de exaltar: elevar a alguien o algo a gran auge o dignidad.

"¡Gloria a tu Señor!, el Señor del poder por encima de lo que (Le) atribuyen (180) Paz sobre los enviados. (181) Y las alabanzas a Alá, el señor de los mundos. (182) " [37: 180-182] Así, se exaltó a *sí* mismo por encima de lo que le atribuían los opositores de los mensajeros, y otorgó la paz a los mensajeros debido a la libertad de lo que decían de limitaciones y defectos. Él (el Exaltado) combinado, en lo que describió de *sí* mismo como afirmación con negación. Por lo tanto, para la gente de la Sunnah y el Consenso, no hay desviación de lo que trajeron los mensajeros, porque es el camino recto, el camino de aquellos a quienes Alá ha favorecido; de los profetas, los firmes afirmadores de la verdad, los mártires y los justos.

Entre estos se encuentra lo que Él se atribuyó a sí mismo en *Surat Al-Ikhlas*[2], que equivale a un tercio del Corán[3], como dijo:

قُلْ هُوَ اللَّهُ أَحَدٌ ﴿١﴾ اللَّهُ الصَّمَدُ ﴿٢﴾ لَمْ يَلِدْ وَلَمْ يُولَدْ ﴿٣﴾ وَلَمْ يَكُنْ لَهُ كُفُوًا أَحَدٌ ﴿٤﴾

---

[2]El 112° Capítulo del Sagrado Corán.
[3]Narró Abu Said Al-Khudri:
Un hombre escuchó a otro recitar (Surat-Al-Ikhlas) 'Di que Él es Alá, (el) Uno'. (112, 1) repetidamente. A la mañana siguiente, fue al Mensajero de Alá (ﷺ) y le informó al respecto como si pensara que no era suficiente recitar. Sobre eso, el Mensajero de Alá (ﷺ) dijo: "¡Por Aquel en Cuya Mano está mi vida, esta Surah es igual a un tercio del Corán!" Al Bukhari.

"Di: Él es Alá, Uno. (1) Alá, el Señor Absoluto.⁴ (2) No ha engendrado, ni ha sido engendrado. (3) Y no hay nadie que se Le parezca. (4)"[112: 1-4] , así como lo que se atribuyó a *sí* mismo en el versículo más grande de *su* libro, tal como dijo:

اللَّهُ لَا إِلَٰهَ إِلَّا هُوَ الْحَيُّ الْقَيُّومُ ۚ لَا تَأْخُذُهُ سِنَةٌ وَلَا نَوْمٌ ۚ لَهُ مَا فِي السَّمَاوَاتِ وَمَا فِي الْأَرْضِ ۗ مَنْ ذَا الَّذِي يَشْفَعُ عِنْدَهُ إِلَّا بِإِذْنِهِ ۚ يَعْلَمُ مَا بَيْنَ أَيْدِيهِمْ وَمَا خَلْفَهُمْ ۖ وَلَا يُحِيطُونَ بِشَيْءٍ مِنْ عِلْمِهِ إِلَّا بِمَا شَاءَ ۚ وَسِعَ كُرْسِيُّهُ السَّمَاوَاتِ وَالْأَرْضَ ۖ وَلَا يَئُودُهُ حِفْظُهُمَا ۚ وَهُوَ الْعَلِيُّ الْعَظِيمُ

"Alá, no hay dios sino Él, el Viviente, el Sustentador⁵. Ni la somnolencia, ni el sueño Le afectan. Suyo es cuanto hay en los cielos y cuanto hay en la tierra. ¿Quién puede interceder por alguien ante Él, si no es con Su permiso? Sabe lo que hay ante ellos y lo que hay tras ellos⁶, y no abarcan nada de Su conocimiento a menos que Él quiera. El escabel de Su trono abarca los

---

⁴ A Quien todos se dirigen en sus necesidades.
⁵ Que se mantiene a Sí mismo y a Su creación.
⁶ Es decir, lo que ha de venir y todo lo que desconocen.

cielos y la tierra y no Le causa fatiga mantenerlos. Él es el Elevado, el Inmenso". [2: 255]

Por eso, quien recite este versículo por la noche tendrá un guardia de Alá y ningún demonio podrá acercarse a él hasta la mañana. Esto también incluye:

- *Su* dicho (del Exaltado):

هُوَ الْأَوَّلُ وَالْآخِرُ وَالظَّاهِرُ وَالْبَاطِنُ ۖ وَهُوَ بِكُلِّ شَيْءٍ عَلِيمٌ

"Él es el Primero y el Último, el Manifiesto y el Oculto y es Conocedor de todas las cosas." [57:3]

وَتَوَكَّلْ عَلَى الْحَيِّ الَّذِي لَا يَمُوتُ وَسَبِّحْ بِحَمْدِهِ

"Y confíate al Viviente, el que no muere, y glorifícalo con Su alabanza."[25:58]

- *Sus* dichos:

وَهُوَ الْعَلِيمُ الْحَكِيمُ

"...Y Él es el Conocedor, el Sabio" [66: 2]

وَهُوَ الْعَلِيُّ الْكَبِيرُ

"Y Él es el Excelso, el Grande" [34:23]

يَعْلَمُ مَا يَلِجُ فِي الْأَرْضِ وَمَا يَخْرُجُ مِنْهَا وَمَا يَنْزِلُ مِنَ السَّمَاءِ وَمَا يَعْرُجُ فِيهَا

"Sabe lo que entra en la tierra y lo que sale de ella, lo que baja desde el cielo y lo que a él asciende..." [34:2]

$$\text{وعنده مفاتح الغيب لا يعلمها إلا هو ويعلم ما في البر والبحر وما تسقط من ورقة إلا يعلمها ولا حبة في ظلمات الأرض ولا رطب ولا يابس إلا في كتاب مبين}$$

" Él tiene las llaves del No-Visto y sólo Él lo conoce; y sabe lo que hay en la tierra y en el mar. No cae una sola hoja sin que Él no lo sepa, ni hay semilla en la profundidad de la tierra, ni nada húmedo o seco que no esté en un libro claro." [6:59])

- *Su dicho:*

$$\text{وَمَا تَحْمِلُ مِنْ أُنْثَىٰ وَلَا تَضَعُ إِلَّا بِعِلْمِهِ}$$

"… No hay hembra preñada ni parturienta que Él no lo sepa. …" [35:11]

- *Su dicho:*

$$\text{لِتَعْلَمُوا أَنَّ اللَّـهَ عَلَىٰ كُلِّ شَيْءٍ قَدِيرٌ وَأَنَّ اللَّـهَ قَدْ أَحَاطَ بِكُلِّ شَيْءٍ عِلْمًا}$$

"… Para que sepáis que Alá tiene poder sobre todas las cosas y que el conocimiento de Alá todo lo abarca." [65:12]

- *Su dicho:*

$$\text{إِنَّ اللَّـهَ هُوَ الرَّزَّاقُ ذُو الْقُوَّةِ الْمَتِينُ}$$

"Alá es Quien provee, el Dueño del poder, el Fuerte…" [51:58]

- *Su dicho:*

$$\text{لَيْسَ كَمِثْلِهِ شَيْءٌ ۖ وَهُوَ السَّمِيعُ الْبَصِيرُ}$$

"... No hay nada como Él; Él es el que oye y el que ve." [42:11]

- *Su dicho,*

$$\text{إِنَّ اللَّـهَ نِعِمَّا يَعِظُكُم بِهِ ۗ إِنَّ اللَّـهَ كَانَ سَمِيعًا بَصِيرًا}$$

"... ¡Que bueno es aquello a lo que Alá os exhorta! Es cierto que Alá es Quien oye y Quien ve." [4:58]

- *Su dicho:*

$$\text{وَلَوْلَا إِذْ دَخَلْتَ جَنَّتَكَ قُلْتَ مَا شَاءَ اللَّـهُ لَا قُوَّةَ إِلَّا بِاللَّـهِ}$$

"Más te habría valido si al entrar en tu jardín hubieras dicho: Que sea lo que Alá quiera, no hay poder sino por Alá..." [18:39]

$$\text{وَلَوْ شَاءَ اللَّـهُ مَا اقْتَتَلُوا وَلَـٰكِنَّ اللَّـهَ يَفْعَلُ مَا يُرِيدُ}$$

o "... si Alá quisiera no lucharían entre sí, pero Alá hace lo quiere." [2:253]

- *Su dicho:*

$$\text{أُحِلَّتْ لَكُم بَهِيمَةُ الْأَنْعَامِ إِلَّا مَا يُتْلَىٰ عَلَيْكُمْ غَيْرَ مُحِلِّي الصَّيْدِ وَأَنتُمْ حُرُمٌ}$$

"... Os están permitidos los animales de rebaño con las excepciones que se os enuncian, pero no os está permitido cazar mientras estéis en estado de inviolabilidad[7]. Alá dispone lo que quiere.." [5:1]

- Su dicho:

فمن يرد الله أن يهديه يشرح صدره للإسلام ومن يرد أن يضله يجعل صدره ضيقا حرجا كأنما يصعد في السماء

"A quien Alá quiere guiar, le abre el pecho al Islam, pero a quien quiere extraviar, hace que su pecho se haga estrecho y apretado como si estuviera ascendiendo al cielo ... " [6:125]

- Sus dichos:

وَأَحْسِنُوا ۛ إِنَّ اللَّهَ يُحِبُّ الْمُحْسِنِينَ

"... Es verdad que Alá ama a los que hacen el bien." [2:195]

وَأَقْسِطُوا ۖ إِنَّ اللَّهَ يُحِبُّ الْمُقْسِطِينَ

"... Es cierto que Alá ama a los equitativos" [49: 9]

فَمَا اسْتَقَامُوا لَكُمْ فَاسْتَقِيمُوا لَهُمْ ۚ إِنَّ اللَّهَ يُحِبُّ الْمُتَّقِينَ

"... ¿cuándo ellos no cumplen correctamente con vosotros mientras que vosotros sí cumplís con ellos?

Es cierto que Alá ama a los que Le temen..." [9:7]

إِنَّ اللَّهَ يُحِبُّ التَّوَّابِينَ وَيُحِبُّ الْمُتَطَهِّرِينَ

---

[7]El Ihram durante la Peregrinación.

"... Es cierto que Alá ama a los que se vuelven a Él y a los que se purifican." [2:222]

- Su dicho:

$$قُلْ إِن كُنتُمْ تُحِبُّونَ اللَّـهَ فَاتَّبِعُونِي يُحْبِبْكُمُ اللَّـهُ$$

"Di: Si amáis a Alá, seguidme, que Alá os amará..." [3:31]

- Su dicho:

$$فَسَوْفَ يَأْتِي اللَّـهُ بِقَوْمٍ يُحِبُّهُمْ وَيُحِبُّونَهُ$$

"... Alá traerá a otros a los que amará y por los que será amado..." [5:54]

- Su dicho:

$$إِنَّ اللَّـهَ يُحِبُّ الَّذِينَ يُقَاتِلُونَ فِي سَبِيلِهِ صَفًّا كَأَنَّهُم بُنْيَانٌ مَّرْصُوصٌ$$

"Es verdad que Alá ama a los que combaten en Su camino en filas, como si fueran un sólido edificio..." [61:4]

- Su dicho:

$$وَهُوَ الْغَفُورُ الْوَدُودُ$$

"Y Él es el Perdonador, el Amoroso." [85:14]

- Sus dichos:

$$بِسْمِ اللَّـهِ الرَّحْمَـٰنِ الرَّحِيمِ$$

"*Las alabanzas a Alá, Señor de los mundos*[8]" [1: 1]

رَبَّنَا وَسِعْتَ كُلَّ شَيْءٍ رَّحْمَةً وَعِلْمًا

"*... ¡Señor nuestro! Tu misericordia y conocimiento abarcan todas las cosas...*" [40:7]

وَكَانَ بِالْمُؤْمِنِينَ رَحِيمًا

"*... Y con los creyentes es Compasivo...*" [33:43]

وَرَحْمَتِي وَسِعَتْ كُلَّ شَيْءٍ

"*...y Mi misericordia abarca todas las cosas...*" [7: 156]

كَتَبَ رَبُّكُمْ عَلَىٰ نَفْسِهِ الرَّحْمَةَ

"*...Vuestro Señor se ha prescrito a Sí mismo la misericordia...*" [6:54]

وَهُوَ الْغَفُورُ الرَّحِيمُ

"*... Y Él es el Perdonador, el Compasivo...*" [10:107]

فَاللَّهُ خَيْرٌ حَافِظًا ۖ وَهُوَ أَرْحَمُ الرَّاحِمِينَ

---

[8][En árabe "al-'alamin". Designa todo lo existente excepto Alá. Su raíz lingüística está en relación con los nombres "'alam" o "'alámah", que significan signo o señal, aludiendo al hecho de que cada cosa en la existencia es en sí misma una señal, un indicio, que señala a su Creador y Originador.
Hay comentaristas que explican que se refiere a la gente de cada época, basándose en el significado que parece tener en otros lugares del Corán. Y en este sentido también, Ibn 'Abbás dice que son los genios y los hombres. Y Abu Sa'idal-Judri dijo que Allah creó cuarenta mil mundos, uno de los cuales es el nuestro.]

o "... Alá es la mejor protección y Él es el más Misericordioso de los misericordiosos." [12:64]

- *Su* dicho:

$$رَّضِيَ اللَّـهُ عَنْهُمْ وَرَضُوا عَنْهُ$$

"... Alá está satisfecho con ellos y ellos lo están con Él..." [9:100]

- *Su* dicho:

$$وَمَن يَقْتُلْ مُؤْمِنًا مُتَعَمِّدًا فَجَزَاؤُهُ جَهَنَّمُ خَالِدًا فِيهَا وَغَضِبَ اللَّـهُ عَلَيْهِ وَلَعَنَهُ$$

"Y aquel que mate a un creyente intencionadamente, tendrá como recompensa Yahannam[9] donde será inmortal. Sobre él caerá la ira de Alá, que lo maldecirá..." [4:93]

- *Su* dicho:

$$ذَٰلِكَ بِأَنَّهُمُ اتَّبَعُوا مَا أَسْخَطَ اللَّـهَ وَكَرِهُوا رِضْوَانَهُ$$

"Eso será porque siguieron lo que enoja a Alá y despreciaron lo que Le complace..." [47:28]

- *Su* dicho:

"Y cuando nos enojaron, recibimos su contribución..." [41:55]

- *Su* dicho:

---

[9] Infierno

وَلَٰكِن كَرِهَ اللَّـهُ انبِعَاثَهُمْ فَثَبَّطَهُمْ

"... Pero a Alá le desagradó enviarlos y los detuvo..." [9:46]

- *Su* dicho:

كَبُرَ مَقْتًا عِندَ اللَّـهِ أَن تَقُولُوا مَا لَا تَفْعَلُونَ

"Es grave ante Alá que digáis lo que no hacéis..." [61:3]

- *Su* dicho:

هَلْ يَنظُرُونَ إِلَّا أَن يَأْتِيَهُمُ اللَّـهُ فِي ظُلَلٍ مِّنَ الْغَمَامِ وَالْمَلَائِكَةُ وَقُضِيَ الْأَمْرُ

"¿Es que están esperando que Alá y los ángeles vengan bajo las sombras de las nubes y el asunto quede zanjado?..." [2:210]

- *Sus* dichos:

كَلَّا إِذَا دُكَّتِ الْأَرْضُ دَكًّا دَكًّا ﴿٢١﴾ وَجَاءَ رَبُّكَ وَالْمَلَكُ صَفًّا صَفًّا

"¡Pero no! Cuando la tierra se convulsione una y otra vez hasta quedar plana. (21)Y venga tu Señor y vengan los ángeles en filas y filas..." [89:21-22]

وَيَوْمَ تَشَقَّقُ السَّمَاءُ بِالْغَمَامِ وَنُزِّلَ الْمَلَائِكَةُ تَنزِيلًا

"Y el día en que el cielo se raje con las nubes y se hagan descender los ángeles sucesivamente..." [25:25]

- *Sus* dichos:

وَيَبْقَىٰ وَجْهُ رَبِّكَ ذُو الْجَلَالِ وَالْإِكْرَامِ

"Pero la faz de tu Señor, Dueño de Majestad y Honor, permanece." [55:27]

كُلُّ شَيْءٍ هَالِكٌ إِلَّا وَجْهَهُ

"... No hay dios sino Él, todo perecerá excepto Su faz..." [28:88]

- *Sus* dichos:

مَا مَنَعَكَ أَن تَسْجُدَ لِمَا خَلَقْتُ بِيَدَيَّ

"... ¿Qué es lo que te impide postrarte ante quien he creado con Mis manos?..." [38:75]

وَقَالَتِ الْيَهُودُ يَدُ اللَّهِ مَغْلُولَةٌ غُلَّتْ أَيْدِيهِمْ وَلُعِنُوا بِمَا قَالُوا بَلْ يَدَاهُ مَبْسُوطَتَانِ يُنفِقُ كَيْفَ يَشَاءُ

"Dicen los judíos: La mano de Alá está cerrada.

¡Que se cierren las suyas y sean malditos por lo que dicen!

Por el contrario Sus dos manos están abiertas, (extendidas), y gasta como quiere..." [5:64]

- *Sus* dichos:

وَاصْبِرْ لِحُكْمِ رَبِّكَ فَإِنَّكَ بِأَعْيُنِنَا

"Espera con paciencia el juicio de tu Señor porque realmente tu estás bajo Nuestros ojos..." [52:48]

وَحَمَلْنَاهُ عَلَىٰ ذَاتِ أَلْوَاحٍ وَدُسُرٍ ﴿١٣﴾ تَجْرِي بِأَعْيُنِنَا جَزَاءً لِّمَن كَانَ كُفِرَ

"Y lo llevamos en una embarcación hecha de tablas y clavos (13) que navegó bajo Nuestra mirada. Recompensa para el que había sido negado." [54:13-14]

وَأَلْقَيْتُ عَلَيْكَ مَحَبَّةً مِّنِّي وَلِتُصْنَعَ عَلَىٰ عَيْنِي

"... Deposité en ti amor procedente de Mí Para que te criaras bajo Mi mirada..." [20:39]

- *Sus* dichos:

قَدْ سَمِعَ اللَّـهُ قَوْلَ الَّتِي تُجَادِلُكَ فِي زَوْجِهَا وَتَشْتَكِي إِلَى اللَّـهِ وَاللَّـهُ يَسْمَعُ تَحَاوُرَكُمَا ۚ إِنَّ اللَّـهَ سَمِيعٌ بَصِيرٌ

"Alá ha escuchado las palabras de la que recurrió a ti para defenderse de su esposo y en su queja suplicaba a Alá; y Alá escuchaba vuestra discusión. Realmente Alá es Quien oye y Quien ve. [10]" [58:1]

- *Sus* dichos:

---

[10][Esta aleya y las siguientes descendieron acerca de una mujer a la que su marido había divorciado con un procedimiento de divorcio llamado dhihar, que consistía en decirles: "Tú eres para mí como la espalda de mi madre". Este divorcio era practicado en la época de la yahiliya y suponía que la mujer no volvía jamás a ser lícita para el hombre. Así pues, la mujer fue al Profeta, al que Alá dé Su gracia y paz, y le dijo: Ausa, que era el nombre de su marido, ha consumido mi juventud y le he dado hijos y ahora que he envejecido y mi familia ha muerto me ha repudiado con el dhihar; y el Profeta le dijo: No veo sino que has pasado a ser ilícita para él. Y ella le dijo: No lo hagas, oh Mensajero de Alá, estoy sola y no tengo más familia que él; y entonces descendió esta aleya y el Profeta hizo que su marido la volviera a aceptar.]

$$لَقَدْ سَمِعَ اللَّهُ قَوْلَ الَّذِينَ قَالُوا إِنَّ اللَّهَ فَقِيرٌ وَنَحْنُ أَغْنِيَاءُ$$

"Y así fue como Alá oyó la palabra de quienes dijeron: Alá es pobre y nosotros somos ricos…"

$$أَمْ يَحْسَبُونَ أَنَّا لَا نَسْمَعُ سِرَّهُمْ وَنَجْوَاهُم ۚ بَلَىٰ وَرُسُلُنَا لَدَيْهِمْ يَكْتُبُونَ$$

"¿O es que creen que no escuchamos su secreto y sus confidencias? Por El contrario, junto a ellos escriben Nuestros mensajeros[11]." [43:80]

- *Su* dicho:

$$إِنَّنِي مَعَكُمَا أَسْمَعُ وَأَرَىٰ$$

"… Yo estaré con vosotros oyendo y viendo." [20:46]

- *Sus* dichos:

$$أَلَمْ يَعْلَم بِأَنَّ اللَّهَ يَرَىٰ$$

"¿Es que no sabe que Alá ve?" [96:14]

$$الَّذِي يَرَاكَ حِينَ تَقُومُ ﴿٢١٨﴾ وَتَقَلُّبَكَ فِي السَّاجِدِينَ ﴿٢١٩﴾ إِنَّهُ هُوَ السَّمِيعُ الْعَلِيمُ$$

"Aquel que te ve cuando te pones en pie (218) y en tus distintos movimientos entre los que se postran. (219) Él es Quien oye y Quien sabe" [26: 218-220]

---

[11] Los ángeles.

$$\text{وَقُلِ اعْمَلُوا فَسَيَرَى اللَّهُ عَمَلَكُمْ وَرَسُولُهُ وَالْمُؤْمِنُونَ}$$

"Di: Actuad que Alá ve vuestros actos así como Su mensajero y los creyentes ..." [9:105]

- *Su* dicho:

$$\text{وَهُوَ شَدِيدُ الْمِحَالِ}$$

"... Pero Él es Fuerte en Su habilidad para castigar..." [13:13]

- *Su* dicho:

$$\text{وَمَكَرُوا وَمَكَرَ اللَّهُ ۖ وَاللَّهُ خَيْرُ الْمَاكِرِينَ}$$

"Y maquinaron, pero Alá también maquinó y Alá es el que mejor maquina." [3:54]

- *Su* dicho:

$$\text{وَمَكَرُوا مَكْرًا وَمَكَرْنَا مَكْرًا وَهُمْ لَا يَشْعُرُونَ}$$

"Urdieron un plan y Nosotros urdimos otro sin que ellos se dieran cuenta..." [27:50]

- *Su* dicho:

$$\text{إِنَّهُمْ يَكِيدُونَ كَيْدًا ﴿١٥﴾ وَأَكِيدُ كَيْدًا}$$

"Ellos traman algo, (15) pero Yo también tramo" [86: 15-16]

- *Sus* dichos:

$$\text{إِن تُبْدُوا خَيْرًا أَوْ تُخْفُوهُ أَوْ تَعْفُوا عَن سُوءٍ فَإِنَّ اللَّهَ كَانَ عَفُوًّا قَدِيرًا}$$

"Pero una buena acción, tanto si la ponéis de manifiesto como si la ocultáis, o un mal que perdonéis...Alá es Indulgente y Poderoso." [4:149]

وَلْيَعْفُوا وَلْيَصْفَحُوا ۗ أَلَا تُحِبُّونَ أَن يَغْفِرَ اللَّهُ لَكُمْ ۗ وَاللَّهُ غَفُورٌ رَّحِيمٌ

"... sino que perdonen y lo pasen por alto. ¿No os gusta que Alá os perdone a vosotros? Alá es Perdonador y Compasivo." [24:22]

- *Su* dicho:

وَلِلَّهِ الْعِزَّةُ وَلِرَسُولِهِ وَلِلْمُؤْمِنِينَ

"... De Alá es el poder y de Su mensajero y de los creyentes..." [63:8]

- *Su* dicho sobre Iblis[12]:

قَالَ فَبِعِزَّتِكَ لَأُغْوِيَنَّهُمْ أَجْمَعِينَ

"Dijo: ¡Por Tu poder que los extraviaré a todos!" [38:82]

- *Su* dicho:

بَارَكَ اسْمُ رَبِّكَ ذِي الْجَلَالِ وَالْإِكْرَامِ

"¡Bendito sea el nombre de tu Señor, Dueño de la Majestad y del Honor!." [55:78]

---

[12] El Diablo

- *Sus* dichos:

$$\text{فَاعْبُدْهُ وَاصْطَبِرْ لِعِبَادَتِهِ ۚ هَلْ تَعْلَمُ لَهُ سَمِيًّا}$$

"... ¡Adoradle pues y sed constantes en vuestra adoración! ¿Conoces a alguien que tenga Su nombre?" [19:65]

$$\text{وَلَمْ يَكُن لَّهُ كُفُوًا أَحَدٌ}$$

"Y no hay nadie que se Le parezca." [112:4]

$$\text{فَلَا تَجْعَلُوا لِلَّهِ أَندَادًا وَأَنتُمْ تَعْلَمُونَ}$$

"Así pues, no atribuyáis iguales a Alá una vez que sabéis." [2:22]

$$\text{وَمِنَ النَّاسِ مَن يَتَّخِذُ مِن دُونِ اللَّهِ أَندَادًا يُحِبُّونَهُمْ كَحُبِّ اللَّهِ}$$

"Hay hombres que suplen a Alá con otros a los que aman como se ama a Alá..." [2:165]

$$\text{وَيَدْعُ الْإِنسَانُ بِالشَّرِّ دُعَاءَهُ بِالْخَيْرِ ۖ وَكَانَ الْإِنسَانُ عَجُولًا}$$

"El hombre pide el mal de la misma manera que pide el bien, el hombre es siempre precipitado." [17:11]

$$\text{يُسَبِّحُ لِلَّهِ مَا فِي السَّمَاوَاتِ وَمَا فِي الْأَرْضِ ۖ لَهُ الْمُلْكُ وَلَهُ الْحَمْدُ ۖ وَهُوَ عَلَىٰ كُلِّ شَيْءٍ قَدِيرٌ}$$

"A Alá glorifica todo cuanto hay en los cielos y en la tierra. Suya es la soberanía y Suyas son las alabanzas. Él es Poderoso sobre todas las cosas." [64:1]

تبارك الذي نزل الفرقان على عبده ليكون للعالمين نذيرا (1) الذي له ملك السماوات والأرض ولم يتخذ ولدا ولم يكن له شريك في الملك وخلق كل شيء فقدره تقديرا (2)

"¡Bendito sea Aquel que ha hecho descender a Su siervo el Discernimiento para que fuera una advertencia a todos los mundos!. (1) Aquel a Quien pertenece la soberanía de los cielos y la tierra y no ha tomado ningún hijo ni comparte la soberanía con nadie. Él ha creado cada cosa y la ha determinado en todo."[25:1-2]

ما اتخذ الله من ولد وما كان معه من إله إذا لذهب كل إله بما خلق ولعلا بعضهم على بعض سبحان الله عما يصفون (91) عالم الغيب والشهادة فتعالى عما يشركون

"Allah no ha tomado hijo alguno ni hay con Él ningún dios. Porque si así fuera cada dios se llevaría lo que hubiera creado y se dominarían unos a otros. ¡Ensalzado sea Alá por encima de lo que Le puedan atribuir!]. (91)Él conoce el No-Visto y lo Aparente, sea ensalzado por encima de lo que Le asocian. (92)" [23: 91-92]

فَلَا تَضْرِبُوا لِلَّهِ الْأَمْثَالَ ۚ إِنَّ اللَّهَ يَعْلَمُ وَأَنتُمْ لَا تَعْلَمُونَ

"Y no atribuyáis a nada semejanzas con Alá, realmente Alá sabe y vosotros no sabéis..." [16:74]

قل إنما حرم ربي الفواحش ما ظهر منها وما بطن والإثم والبغي بغير الحق وأن تشركوا بالله ما لم ينزل به سلطانا وأن تقولوا على الله ما لا تعلمون

"Di: Lo que de verdad ha prohibido mi Señor son las indecencias, tanto las externas como las que se ocultan, la maldad, el abuso sin razón, que asociéis con Alá aquello sobre lo que no ha descendido ninguna evidencia y que digáis sobre Alá lo que no sabéis." [7:33]

-*Su* dicho, que Él (el *más* misericordioso) se estableció por encima del trono que se menciona en siete lugares:

-Como Él dijo en el *Surat*:

إِنَّ رَبَّكُمُ اللَّهُ الَّذِي خَلَقَ السَّمَاوَاتِ وَالْأَرْضَ فِي سِتَّةِ أَيَّامٍ ثُمَّ اسْتَوَىٰ عَلَى الْعَرْشِ

"Realmente vuestro Señor es Alá, Quien creó los cielos y la tierra en seis días, luego se asentó en el Trono…" [7:54]

-Como Él dijo en *Surat Yunus*:

إِنَّ رَبَّكُمُ اللَّهُ الَّذِي خَلَقَ السَّمَاوَاتِ وَالْأَرْضَ فِي سِتَّةِ أَيَّامٍ ثُمَّ اسْتَوَىٰ عَلَى الْعَرْشِ

"Vuestro Señor es Alá que creó los cielos y la tierra en seis días y luego se asentó en el Trono dirigiendo el Mandato..." [10:3]

-Como Él dijo en *Surat Al-Ra'd*

$$اللَّـهُ الَّذِي رَفَعَ السَّمَاوَاتِ بِغَيْرِ عَمَدٍ تَرَوْنَهَا ۖ ثُمَّ اسْتَوَىٰ عَلَى الْعَرْشِ$$

"Alá es Quien elevó los cielos sin soporte que pudierais ver y luego se asentó en el Trono..." [13:2]

-Como Él dijo en *Surat Taha*:

$$الرَّحْمَـٰنُ عَلَى الْعَرْشِ اسْتَوَىٰ$$

"El Misericordioso que se asentó sobre el trono." [20:5]

-Como Él dijo en *Surat Al-Furqan*:

$$الَّذِي خَلَقَ السَّمَاوَاتِ وَالْأَرْضَ وَمَا بَيْنَهُمَا فِي سِتَّةِ أَيَّامٍ ثُمَّ اسْتَوَىٰ عَلَى الْعَرْشِ$$

"Él es Quien creó los cielos, la tierra y lo que hay entre ellos en seis días y luego se asentó en el Trono... " [25:59]

-Como Él dijo en *Surat Al-Sajdah*:

$$الَّذِي خَلَقَ السَّمَاوَاتِ وَالْأَرْضَ وَمَا بَيْنَهُمَا فِي سِتَّةِ أَيَّامٍ ثُمَّ اسْتَوَىٰ عَلَى الْعَرْشِ$$

"Alá es Quien creó los cielos y la tierra y lo que hay entre ellos en seis días, a continuación se asentó en el Trono... " [32:4]

-Y como Él dijo en *Surat Al-Hadid*:

$$الَّذِي خَلَقَ السَّمَاوَاتِ وَالْأَرْضَ وَمَا بَيْنَهُمَا فِي سِتَّةِ أَيَّامٍ ثُمَّ اسْتَوَىٰ عَلَى الْعَرْشِ$$

"Él es Quien creó los cielos y la tierra en seis días y a continuación se asentó en el Trono..." [57: 4]

-Sus dichos:

$$يَا عِيسَىٰ إِنِّي مُتَوَفِّيكَ وَرَافِعُكَ إِلَيَّ$$

"¡Isa! Voy a llevarte ya elevarte hacia Mí..." [3:55]

$$بَل رَّفَعَهُ اللَّـهُ إِلَيْهِ$$

"Sino que Alá lo elevó hacia ..." [4:158]

$$إِلَيْهِ يَصْعَدُ الْكَلِمُ الطَّيِّبُ وَالْعَمَلُ الصَّالِحُ يَرْفَعُهُ$$

"...Hasta Él sube la buena palabra y la acción recta la eleva[13] [35:10]

$$وَقَالَ فِرْعَوْنُ يَا هَامَانُ ابْنِ لِي صَرْحًا لَعَلِّي أَبْلُغُ الْأَسْبَابَ ﴿٣٦﴾ أَسْبَابَ السَّمَاوَاتِ فَأَطَّلِعَ إِلَىٰ إِلَـٰهِ مُوسَىٰ وَإِنِّي لَأَظُنُّهُ كَاذِبًا$$

---

[13] Los comentaristas han entendido esto de tres maneras: La primera es que Alá eleva la acción recta; la segunda que sólo se acepta la acción recta de quien tiene la buena palabra, que según algunos comentarios es el testimonio de que no hay dios sino Alá; y la tercera es que la acción recta eleva a la buena palabra, de manera que no se acepta la palabra excepto de quien tiene acción recta. Y esto último se ha transmitido de Ibn Abbas.]

"*...Haman, construyeme una torre para que pueda alcanzar los accesos, (36) los accesos a los cielos, y subir hasta el dios de Musa, pues realmente lo tengo por embustero...*" [40: 36-37]

أَمْ أَمِنتُم مَّن فِي السَّمَاءِ أَن يُرْسِلَ عَلَيْكُمْ حَاصِبًا ۖ فَسَتَعْلَمُونَ كَيْفَ نَذِيرِ

"*¿O estáis a salvo acaso de que Quien está en el cielo no envíe una pedrisca sobre vosotros? Entonces sabríais cómo es Mi advertencia...*" [67:17]

- *Sus* dichos:

يَعْلَمُ مَا يَلِجُ فِي الْأَرْضِ وَمَا يَخْرُجُ مِنْهَا وَمَا يَنزِلُ مِنَ السَّمَاءِ وَمَا يَعْرُجُ

"*Sabe lo que entra en la tierra y lo que sale de ella, lo que baja desde el cielo y lo que a él asciende. Él es el Compasivo, el perdonador.*" [34:2]

ما يكون من نجوى ثلاثة إلا هو رابعهم ولا خمسة إلا هو سادسهم ولا أدنى من ذلك ولا أكثر إلا هو معهم أين ما كانوا ثم ينبئهم بما عملوا يوم القيامة إن الله بكل شيء عليم

"*...No hay confidencia de tres en la que Él no sea el cuarto, o de cinco en la que Él no sea el sexto, ni de menos o más que eso sin que Él no esté con ellos dondequiera que estén. Luego el Día* del Levantamiento les hará saber lo que hicieron. Es cierto que Alá es Conocedor de todas las cosas." [58:7]

- *Sus* dichos:

$$\text{لَا تَحْزَنْ إِنَّ اللَّهَ مَعَنَا}$$

"...No te entristezcas porque en verdad Alá está con nosotros..." [9:40]

$$\text{لَا تَخَافَا ۖ إِنَّنِي مَعَكُمَا أَسْمَعُ وَأَرَىٰ}$$

"...No temáis, Yo estaré con vosotros oyendo y viendo." [20:46]

$$\text{إِنَّ اللَّهَ مَعَ الَّذِينَ اتَّقَوا وَّالَّذِينَ هُم مُّحْسِنُونَ}$$

"Es cierto que Alá está con los que Le temen y con los que hacen el bien." [16: 128]

$$\text{وَاصْبِرُوا ۚ إِنَّ اللَّهَ مَعَ الصَّابِرِينَ}$$

"...Y tened paciencia, pues ciertamente Alá está con los pacientes." [8:46]

$$\text{قَالَ الَّذِينَ يَظُنُّونَ أَنَّهُم مُّلَاقُو اللَّهِ كَم مِّن فِئَةٍ قَلِيلَةٍ غَلَبَتْ فِئَةً كَثِيرَةً بِإِذْنِ اللَّهِ ۗ وَاللَّهُ مَعَ الصَّابِرِينَ}$$

"Y dijeron los que tenían certeza del encuentro con Allah: ¡Cuántos grupos pequeños en número vencieron a ejércitos numerosos con el permiso de Allah! Allah está con los pacientes."[2:249]

- *Sus* dichos:

$$\text{وَمَنْ أَصْدَقُ مِنَ اللَّهِ حَدِيثًا}$$

"... ¿Y quién tiene una palabra más verídica que Alá?" [4:87]

$$\text{وَمَنْ أَصْدَقُ مِنَ اللَّهِ قِيلًا}$$

"... ¿Y quién es más veraz que Alá en Su palabra?." [4:122]

$$\text{وَإِذْ قَالَ اللَّهُ يَا عِيسَى ابْنَ مَرْيَمَ}$$

"Y cuando Alá dijo: ¡Isa, hijo de Maryam!..." [5:116]

$$\text{وَتَمَّتْ كَلِمَتُ رَبِّكَ صِدْقًا وَعَدْلًا}$$

"Las palabras de tu Señor son de una veracidad y justicia completas..." [6: 115]

$$\text{وَكَلَّمَ اللَّهُ مُوسَىٰ تَكْلِيمًا}$$

"... Y Alá le habló a Moisés con un discurso [directo]." [4:164]

$$\text{مِّنْهُم مَّن كَلَّمَ اللَّهُ}$$

"...a los que Alá les habló..." [2:253]

$$\text{وَلَمَّا جَاءَ مُوسَىٰ لِمِيقَاتِنَا وَكَلَّمَهُ}$$

"Y cuando Moisés vino a Nuestra cita y su Señor le habló..." [7:143]

$$\text{وَنَادَيْنَاهُ مِن جَانِبِ الطُّورِ الْأَيْمَنِ وَقَرَّبْنَاهُ نَجِيًّا}$$

" Y lo llamamos del lado del monte a [Su] derecha y lo acercamos, confiando [en Él]." [19:52]

وَإِذْ نَادَىٰ رَبُّكَ مُوسَىٰ أَنِ ائْتِ الْقَوْمَ الظَّالِمِينَ

"Cuando tu Señor llamó a Moisés: ¡Ve a donde la gente injusta!" [26:10]

وَنَادَاهُمَا رَبُّهُمَا أَلَمْ أَنْهَكُمَا عَن تِلْكُمَا الشَّجَرَةِ

"... Entonces su Señor les llamó: ¿No os había prohibido ese árbol..." [7:22]

وَيَوْمَ يُنَادِيهِمْ فَيَقُولُ مَاذَا أَجَبْتُمُ الْمُرْسَلِينَ

"El día en que los llame y diga: ¿Qué respondisteis a los enviados?" [28:65]

وَإِنْ أَحَدٌ مِّنَ الْمُشْرِكِينَ اسْتَجَارَكَ فَأَجِرْهُ حَتَّىٰ يَسْمَعَ كَلَامَ اللَّهِ

"Y si alguno de los asociadores busca tu protección, recíbelo hasta que haya escuchado la palabra de Alá..." [9:6]

وَقَدْ كَانَ فَرِيقٌ مِّنْهُمْ يَسْمَعُونَ كَلَامَ اللَّهِ ثُمَّ يُحَرِّفُونَهُ مِن بَعْدِ مَا عَقَلُوهُ وَهُمْ يَعْلَمُونَ

"... ya habían oído la palabra de Alá y, a pesar de haberla comprendido, la alteraron conscientemente? " [2:75]

يُرِيدُونَ أَن يُبَدِّلُوا كَلَامَ اللَّهِ ۚ قُل لَّن تَتَّبِعُونَا كَذَٰلِكُمْ قَالَ اللَّهُ مِن قَبْلُ

"...Querrán cambiar las palabras de Alá. Di: No nos seguiréis; así lo dijo antes Alá ..." [48:15]

وَاتْلُ مَا أُوحِيَ إِلَيْكَ مِن كِتَابِ رَبِّكَ ۖ لَا مُبَدِّلَ لِكَلِمَاتِهِ

"Y recita lo que del Libro de tu Señor te ha sido inspirado, no hay quien pueda sustituir Sus palabras ..." [18:27]

إِنَّ هَٰذَا الْقُرْآنَ يَقُصُّ عَلَىٰ بَنِي إِسْرَائِيلَ أَكْثَرَ الَّذِي هُمْ فِيهِ يَخْتَلِفُونَ

"Realmente esta Recitación les refiere a los hijos de Israel la mayor parte de aquello sobre lo que no estaban de acuerdo entre ellos..." [27:76]

وَهَٰذَا كِتَابٌ أَنزَلْنَاهُ مُبَارَكٌ

"Y éste es un Libro que hemos hecho descender y una bendición..." [6: 155]

لَوْ أَنزَلْنَا هَٰذَا الْقُرْآنَ عَلَىٰ جَبَلٍ لَّرَأَيْتَهُ خَاشِعًا مُّتَصَدِّعًا مِّنْ خَشْيَةِ اللَّـهِ

"Si le hubiéramos hecho descender este Corán a una montaña, la habrías visto humillada y partida en dos, por temor de Alá..." [59:21]

وإذا بدلنا آية مكان آية والله أعلم بما ينزل قالوا إنما أنت مفتر بل أكثرهم لا يعلمون (101) قل نزله روح القدس من ربك بالحق ليثبت الذين آمنوا وهدى وبشرى للمسلمين (102) ولقد نعلم أنهم يقولون إنما يعلمه بشر لسان الذي يلحدون إليه ﴿أَعْجَمِيٌّ وَهَٰذَا لِسَانٌ عَرَبِيٌّ مُّبِينٌ ﴾١٠٣

"Cuando quitamos un signo y ponemos otro -y Alá sabe lo que hace descender- dicen: Tú lo inventas. No obstante, la mayoría de ellos no sabe. (101) Di: Lo ha hecho descender el Espíritu Puro[14], desde tu Señor, con la verdad para dar firmeza a los que creen y como una guía y buenas noticias para los sometidos (los musulmanes)(102) Ya sabemos que dicen: En realidad es un ser humano el que le enseña. La lengua de aquel a quien se refieren no es árabe mientras que ésta es una lengua árabe clara[15] " [16:101-103]

- *Sus* dichos:

وُجُوهٌ يَوْمَئِذٍ نَّاضِرَةٌ ﴿٢٢﴾ إِلَىٰ رَبِّهَا نَاظِرَةٌ

---

[14] El ángel Gabriel.
[15] [Parece referirse a un esclavo cristiano que se hizo musulmán. Y hay quien dice que eran dos que tenían por oficio hacer espadas y solían recitar la Torá y el Inyil y el Profeta, que Alá le dé Su gracia y paz, se sentaba a veces con ellos para atraerlos al Islam y por ello los Quraysh dijeron: Ellos son los que enseñan a Muhammad.]

"Ese día habrá rostros resplandecientes, en la contemplación de su Señor.." [75: 22-23]

عَلَى الْأَرَائِكِ يَنظُرُونَ

"Los observarán reclinados sobre los lechos." [83:35]

لِّلَّذِينَ أَحْسَنُوا الْحُسْنَىٰ وَزِيَادَةٌ

"Los que hicieron el bien tendrán lo más hermoso y aún más..."[16] [10:26]

لَهُم مَّا يَشَاءُونَ فِيهَا وَلَدَيْنَا مَزِيدٌ

"Allí tendrán cuanto deseen y aún dispondremos de más." [50:35]

Este tema en el Libro de Alá es abundante. Cualquiera que reflexione sobre el Corán, buscando la guía de él, el camino de la verdad se le aclarará.

---

[16][De acuerdo con los comentaristas, lo más hermoso (al-husná) es el Jardín y el "aún más" es la visión de la faz de Alá.]

CREDO ISLÁMICO

• CAPÍTULO 2 •

Luego, en la Sunnah del mensajero (la paz sea con él)

La Sunnah explica, aclara, significa y expresa el Corán. Deben creerse las descripciones que el mensajero (la paz sea con él) le dio a *su* Señor (el Exaltado, el Majestuoso), tal como están narradas en hadices auténticos que son aceptados por la gente del conocimiento.

Esto incluye:

- El mensajero (la paz sea con él) diciendo: "Nuestro Señor, el Bendito, el Superior, viene todas las noches al cielo más cercano a nosotros cuando queda el último tercio de la noche, diciendo: '¿Hay alguien que me invoque, para que yo pueda responder a la invocación? ¿Hay alguien que me pregunte, para concederle su petición? ¿Hay alguien que busque mi perdón para que yo lo perdone?' Acordado.[17]

- *Su* dicho (la paz sea con él), "En verdad, Alá está más encantado con el arrepentimiento de *su* esclavo que una persona que perdió su camello en una tierra desértica y luego lo encuentra (inesperadamente)". Acordado.

- *Su* dicho (la paz sea con él), "Alá, el Exaltado, sonríe a dos hombres, uno de ellos mató al otro y ambos entrarán en *Jannah*[18]..." hasta el final del hadiz; acordado.

- *Su* dicho (la paz sea con él), "Alá se ríe de la desesperación de *sus* esclavos, aunque pronto la cambia. Te ve desesperado y abatido, por eso sigue riendo; sabe que tu alivio está cerca". Un hadiz justo.[19]

- *Su* dicho (la paz sea con él), "El infierno seguirá diciendo, '¿Hay más (gente por venir)?' hasta que el Señor del poder ponga *su* pierna - '*su* pie' en otra versión - pie sobre él y luego se contraerá sobre sí mismo y dirá: '¡Qat! ¡Qat! (¡Suficiente! ¡Suficiente!)." Acordado.

- *Su* dicho, "Allah dirá [en el día del juicio], '¡Oh Adán!' Adán responderá: '¡*Labbaik wa Sa`daik*! (¡A *su* servicio y a *su* gusto!)' Entonces se escuchará una voz fuerte que dice: 'Alá te ordena que elimines la misión del fuego del infierno de tu descendencia'". Acordado.

---

[17] Por los imanes de Hadith Bukhari y Musulmán.
[18] El cielo
[19] Musnad Ahmed.

- *Su* dicho: "No habrá nadie entre ustedes, pero su Señor le hablará, y no habrá intérprete entre ellos".[20]

- *Su* dicho sobre el *Ruqya* (encantamiento para la curación) de los enfermos, "Oh nuestro Señor, Alá, que estás en los cielos, santo es *tu* nombre, *tu* mandato reina supremo en el cielo y la tierra, como *tu* misericordia en el cielo haz *tu* misericordia en la tierra; perdónanos nuestros pecados y nuestros errores; *tú* eres el Señor de los buenos; envía misericordia de tu misericordia, y remedio de tu remedio en este dolor para que se cure." Un hermoso hadiz narrado por Abu Dawud y otros.

- *Su* dicho: "¿No confiarás en mí, mientras yo soy un fideicomisario de *aquel* que está en el cielo?" Un hadiz auténtico.[21]

- *Su* dicho, "... y el trono está sobre el agua, y Alá está en el trono, y Él sabe aquello sobre lo que [estás]". Un hermoso hadiz narrado por Abu Dawud y otros.

- *Su* dicho a la esclava: "¿Dónde está Alá?" Ella respondió: "En el cielo". Él dijo: "¿Quién soy yo?" Ella respondió: "Tú eres el mensajero de Alá". Él dijo: "Emancípala, es una creyente". Narrado por musulmanes.

- *Su* dicho: "El nivel más alto de fe es saber que Alá está contigo dondequiera que estés". Un hadiz justo.

- *Su* dicho: "Cuando alguno de ustedes esté de pie para orar, no debe escupir delante de él, ni a su derecha, porque Alá está

---

[20] Al Bukhari.
[21] Musulmán.

frente a él. En cambio, debería escupir en su lado izquierdo o debajo de su pie". Acordado.

- *Su* dicho (la paz sea con él), "¡Oh Alá, Señor de los cielos y la tierra, y Señor de todas las cosas, que parte el grano y las semillas, el que envió la Torá, el Evangelio y el Corán! Busco refugio en *ti* de la maldad de toda criatura a la que agarras por el copete. Eres el primero y no hay nada delante de ti. Eres el último y no hay nada después de ti. *Tú* eres el ascendente y no hay nada por encima de *ti*. *Tú* eres el interior y no hay nada debajo de *ti*. Paga mis deudas por mí y mantenme a salvo de la pobreza". Narrado por musulmanes.

- *Su* dicho cuando los compañeros suplicaban en voz alta: "¡Oh gente!, sean misericordiosos con ustedes mismos (es decir, no levanten la voz), porque no están llamando a un sordo o a un ausente, sino a *uno* que *todo* lo oye, *todo* lo ve y *siempre* está cercano. El que están llamando está más cerca de cada uno de ustedes que el cuello de su caballo". Acordado.

- *Su* dicho: "Ustedes verán a su Señor como ven esta luna llena, y no tendrán ningún problema en verlo, así que si pueden evitar perder (por sueño o negocios, etc.) una oración antes del amanecer (*Fajr*) y una oración antes de la puesta del sol (*'Asr*) debes hacerlo". Acordado.

Y así sucesivamente del hadiz en el que el mensajero (la paz sea con él) informa sobre su Señor. El Grupo Salvado, la gente de la Sunnah y el Consenso, creen en eso al igual que creen en lo que Alá dijo en *su* libro, sin distorsión, Ta'til, Tak'ief o

CREDO ISLÁMICO

Tamthil. Son el término medio en el espectro de la *Ummah*[22], al igual que la *Ummah* es el término medio entre las naciones. Por lo tanto, son el término medio, con respecto a los atributos de Alá (Bendito y Exaltado), entre la gente de *Ta'til* (los Jahmis) y la gente de *Tamthil* (Al-Mushabihah), son el punto medio, con respecto a las acciones de Alá, entre los Jabris[23], los Qadaris[24] y otros, son el término medio, con respecto a las amenazas de Alá, entre los Murjitas[25] y los Wa'idis[26], son el término medio, con respecto a las designaciones de fe y la religión entre Khawarij y Mu'tazilites, y entre Murjitas y Jahmis, y con respecto a los compañeros de los mensajeros entre Rafidis y Khawariij.

---

[22] Es un sinónimo de Ummat del Islam (... la comunidad islámica) y es comunmente usado para referirse a las comunidades colectivas de la gente islámica. En el Corán, la ummah generalmente she refiere a un solo grupo que comparte creencias religiosas comunes, específicamente aquellas que son objeto de un plan divino de salvación.

[23] Jabri (literalmente: fatalismo) que es la creencia de que la persona no tiene libre albedrío y que todas las acciones están predeterminadas.

[24] (en el extremo opuesto del fatalismo) que es la creencia que niega el destino y afirma que Alá no tiene conocimiento preexistente de los incidentes hasta que ocurren.

[25] Murjitas (literalmente: diferidor) una doctrina que establece que los pecados no dañarán a la persona mientras crea en Alá y que solo Alá tiene la autoridad para juzgar quién es un verdadero musulmán y quién no.

[26] Wa'idi (en el extremo opuesto de Murjitas) una doctrina que establece que los que cometen pecados mayores serán condenados eternamente al Infierno, a pesar de su fe en Alá.

• CAPÍTULO 3 •

Capítulo[27]

Lo que declaramos con respecto a la fe en Alá involucra lo que Él declaró en *su* libro, lo que fue narrado sucesivamente por *su* mensajero, y lo que los primeros musulmanes acordaron unánimemente, que Él (el Exaltado) está por encima de *sus* cielos, en *su* trono, por encima de *su* creación, y que Él (el Exaltado) está con ellos dondequiera que estén y es consciente de lo que están haciendo, como cubrió todo eso en su dicho:

هو الذي خلق السماوات والأرض في ستة أيام ثم استوى على العرش يعلم ما يلج في الأرض وما يخرج منها وما ينزل من السماء وما يعرج فيها وهو معكم أين ما كنتم والله بما تعملون بصير

---

[27] Según el texto árabe sin título.

"Él es Quien creó los cielos y la tierra en seis días y a continuación se asentó en el Trono... Conoce lo que entra en el seno de la tierra y lo que sale de ella lo que cae del cielo y lo que a él asciende. Y está con vosotros dondequiera que estéis. Alá ve lo que hacéis." [57: 4]. Su dicho {y Él está contigo} no significa que se entremezcla con las criaturas, porque el lenguaje no lo requiere, esto contradice el consenso de los primeros musulmanes y contradice la naturaleza sobre la cual Alá creó las criaturas. La luna es uno de los signos de Alá, es uno de los más pequeños de *su* creación y existe en el cielo, sin embargo, está con el viajero y el residente dondequiera que estén. Él (el Exaltado) está en *su* trono, observando *su* creación, supervisándolos, bien informado sobre ellos y así sucesivamente del significado de *su* Señoría. Todo lo que Alá declaró, tal como Él estando en el trono y estar con nosotros, es verdad en esencia y no necesita distorsión, pero debe protegerse de suposiciones falsas, como la comprensión del dicho 'en el cielo' que el cielo *lo* lleva o *lo* cubre, lo cual es falso según el consenso de la gente de conocimiento y fe, como el asiento de Alá se extiende sobre los cielos y la tierra, es Él quien sostiene los cielos y la tierra, para que no cesen, Él refrena el cielo de caer sobre la tierra, a menos que tenga su permiso, y de sus señales es que el cielo y la tierra permanecen por su mandato.

Capítulo

Esto también incluye creer que Él está cerca y que responde, cómo indicó en *su* dicho:

وَإِذَا سَأَلَكَ عِبَادِي عَنِّي فَإِنِّي قَرِيبٌ

"*Y cuando Mis siervos te pregunten sobre Mí...*" [2: 186] así como el dicho del mensajero (PBUH), "...El que están llamando está más cerca de cada uno de ustedes que el cuello de su caballo".[28] Lo que se declara en el Corán y la Sunnah con respecto a *su* cercanía y acompañamiento no contradice lo que se afirma con respecto a *su* exaltación y sublimidad, porque no hay nada como Él (el Exaltado) en *sus* atributos; Él es exaltado en su cercanía y cercano en su exaltación.

---

[28]Musulmán.

• CAPÍTULO 5 •

El Corán es la palabra de Alá.[29]

Creer en Alá y *sus* libros incluye creer que el Corán es la palabra de Alá, revelada y no creada, de Él se originó y a Él volverá, que Alá lo dijo con verdad y que este Corán que Él envió a Mohammad (la paz sea con él) es la palabra de Alá verdaderamente, y no la palabra de otra persona. No está permitido afirmar que es una narración o una expresión o la palabra de Alá, más bien, si la gente la recitó o escribió en *Mus'hafs*[30], no anula que sea verdaderamente la palabra de Alá, porque el discurso es verdaderamente atribuido a quien lo dijo originalmente, no a quien lo retransmitió e informó. Es la palabra de Alá con sus palabras y significados, no las palabras sin los significados, y no los significados sin las palabras.

---

[29]Título dado por Alreshah a este capítulo.
[30] El Coran

• CAPÍTULO 6 •

Capítulo

Lo que declaramos con respecto a la fe en Él, *sus* libros, *sus* ángeles y *sus* mensajeros también incluye creer que los fieles lo verán en el día del juicio visualmente con sus ojos, tal como ven el sol en un día claro y como ven la luna llena, y no tendrán ningún problema en verlo; lo verán (el Exaltado) durante los eventos del 'día del juicio', y lo verán después de entrar al 'paraíso' como le plazca a Alá (el Todopoderoso).

• CAPÍTULO 7 •

Capítulo

Creer implica creer en el 'último día' con todo lo que el profeta (la paz y las bendiciones de Alá sean con él) informó que ocurriría después de la muerte. Por tanto, hay que creer en el juicio de la tumba, así como en el tormento y el placer de la tumba. En cuanto al juicio, la gente será juzgada en sus tumbas y se le preguntará a uno: "¿Quién es tu Señor? ¿Cual es tu religión? ¿Quién es tu profeta? y Alá mantendrá firmes a los que creen, con la palabra firme, en la vida mundana y en el 'más allá', para que el creyente diga: "Mi señor es Alá, mi religión es el Islam, y mi profeta es Mohammad (la paz sea con él)". En cuanto a los incrédulos, dirá: "¡Eh! ¡Eh! No lo sé. Escuché a la gente decir algo, así que lo dije". Entonces, es golpeado con un mazo, por lo que da un grito que todo lo escucha excepto el hombre[31], y si lo escucha, caería inconsciente. Luego, después

---

[31] Sunna abi Dawood, Bukhari.

de esta prueba, es placer o tormento, hasta que tenga lugar la gran resurrección, las almas regresan a los cuerpos y la resurrección, que Alá declaró en *su* libro y en la lengua de *su* mensajero y que los musulmanes unánimemente acordaron, ocurre. Entonces, la gente sale de sus tumbas al Señor de los mundos, descalza, desnuda e incircuncisa; el sol se acerca a ellos y el sudor los inunda hasta la altura de sus narices. Entonces, se establece la balanza para pesar las obras de la gente.

فَمَنْ ثَقُلَتْ مَوَازِينُهُ فَأُولَٰئِكَ هُمُ الْمُفْلِحُونَ ﴿١٠٢﴾ وَمَنْ خَفَّتْ مَوَازِينُهُ فَأُولَٰئِكَ الَّذِينَ خَسِرُوا أَنفُسَهُمْ فِي جَهَنَّمَ خَالِدُونَ ﴿١٠٣﴾

" Aquellos que obras pesen en la balanza ... Esos serán los afortunados, (102) Y aquellos que obras no tengan peso en la balanza ... Esos serán los que se habrán perdido a sí mismos y serán inmortales en Yahannam." [23: 102-103] Los registros - de hechos - se difunden, y algunos recibirán su registro con su mano derecha, y algunos lo recibirán con su mano izquierda o detrás de su espalda, como Él (el Exaltado, el Majestuoso) dijo:

وكل إنسان ألزمناه طائره في عنقه ونخرج له يوم القيامة كتابا يلقاه منشورا (13) اقرأ كتابك كفى بنفسك اليوم عليك حسيبا

"A todo ser humano le hemos atado su destino al cuello y el Día del Levantamiento le sacaremos un libro que encontrará abierto'(13) ¡Lee tu libro! Hoy te bastas a ti mismo para llevar tu cuenta." [17: 13-14] Entonces, Alá responsabiliza a las criaturas, habla con *su* siervo creyente en privado y confirma sus pecados con él como se describe en el Corán y la Sunnah. En cuanto a los incrédulos, no se les toma en cuenta sopesando sus buenas y malas obras, porque no tienen buenas obras. Sin embargo, se enumeran sus hechos y se les obliga a admitirlos y confesarlos. Entre los eventos del día del juicio, la fuente del lago del profeta (la paz sea con él); su agua es más blanca que la leche y más dulce que la miel, sus copas son tantas como las estrellas en el cielo, su longitud es la distancia de un mes y también lo es su anchura, quien bebe de ella una vez nunca más tendrá sed.

El *Sirat* (camino) se establece a través del fuego del infierno, y es el puente entre el paraíso y el fuego del infierno, en el que la gente atraviesa según sus hechos: algunos de ellos atraviesan tan rápido como un abrir y cerrar de ojos, otros atraviesan tan rápido como un rayo, otros atraviesan rápidos como el viento, algunos atraviesan tan rápido como un caballo, algunos atraviesan tan rápido como un camello, algunos atraviesan corriendo, algunos caminando, otros se arrastran, y algunos de ellos son arrebatados y arrojados al fuego del infierno, porque el puente tiene abrazaderas que arrebatan gente por sus hechos. Quien pasa el *Sirat* entra en el paraíso, y cuando lo pasa, se para en un arco entre el paraíso y el fuego del infierno, y algunos de ellos son vengados de otros, hasta que son refinados y purificados, se les permite entrar al paraíso.

El primero en entrar por la puerta del paraíso es Mohammad (la paz sea con él), y la primera nación en entrar al paraíso es su *Ummah*. En el día del juicio, a él (la paz sea con él) se le conceden tres intercesiones: la primera intercesión es para todos en la reunión para que Alá comience el juicio entre ellos después de los profetas: Adán, Noé, Abraham, Moisés y Jesús, el hijo de María, eviten interceder hasta que lo alcance. En cuanto a la segunda intercesión, intercede para que se deje entrar a los habitantes del paraíso, y estas dos intercesiones son exclusivas de él. En cuanto a la tercera intercesión, intercede por los que merecen el infierno, y esta intercesión es tanto para él como para todos los profetas, los virtuosos y otros, por lo que intercede por los que no merecen entrar en el infierno, y por los que entraron para permitirles salir de él. Además, Alá deja salir a algunas personas del infierno sin intercesión, más bien con *su* favor y misericordia.

Posteriormente, el paraíso tendrá lugar después de que las personas de la vida mundana entren en él, por lo que Alá creará personas y les permitirá entrar al paraíso, y así sucesivamente de los eventos del más allá de la contabilidad, la recompensa, el castigo, el paraíso y el infierno, los detalles de que se declaran en los libros enviados desde los cielos e informes narrados por los profetas. El conocimiento heredado de Mohammad (la paz sea con él) en ese sentido es suficiente y satisface, y quien lo busque lo encontrará.

El grupo Salvado, la gente de la Sunnah y el Consenso, creen en el destino, el bien y el mal. La fe en el destino está en dos niveles, cada uno incluye dos puntos:

(El primer nivel) es creer que Alá (el Todopoderoso) es consciente de lo que hacen las criaturas con su conocimiento eterno con el que Él es descrito perdurable y eternamente, y Él conoce todos sus asuntos de obediencia, desobediencia, sustento y términos de vida. Entonces, Alá escribió en la *pizarra preservada* el destino de las criaturas, así que lo primero que Alá creó fue la pluma y le dijo: "Escribe". Decía: "¿Qué debo escribir?" Él dijo: "Escribe todo lo que será hasta el día de la resurrección". Por lo tanto, lo que sea que le ocurra al hombre nunca lo dejará pasar, y lo que deje pasar nunca le sucederá. Las plumas se secaron y las sábanas se doblaron, como Él (el Todopoderoso) dijo:

أَلَمْ تَعْلَمْ أَنَّ اللَّـهَ يَعْلَمُ مَا فِي السَّمَاءِ وَالْأَرْضِ ۗ إِنَّ ذَٰلِكَ فِي كِتَابٍ ۚ إِنَّ ذَٰلِكَ عَلَى اللَّـهِ يَسِيرٌ

"¿Es que no sabes que Alá conoce lo que hay en el cielo y en la tierra? Está todo en un Libro; verdaderamente eso es fácil para Alá.." [22:70], y Él dijo:

مَا أَصَابَ مِن مُّصِيبَةٍ فِي الْأَرْضِ وَلَا فِي أَنفُسِكُمْ إِلَّا فِي كِتَابٍ مِّن قَبْلِ أَن نَّبْرَأَها

"No hay nada que ocurra en la tierra o en vosotros mismos, sin que esté en un libro antes de que lo hayamos causado. Eso es fácil para Alá..." [57:22]

Tal determinación - que sigue a *su* conocimiento (el Exaltado) - ocurre aquí y allá en general y en detalle, porque Él escribió en la 'pizarra preservada' lo que Él quiso, y cuando Él crea el cuerpo del feto antes que su alma, le envía un ángel, a quien se le ordena escribir cuatro cosas. Se le ordena que escriba sus hechos (es decir, los de la nueva criatura), su sustento, su (fecha de) muerte, y si será bendecido o desdichado (en la religión)... etc. Esa determinación solía ser negada por los Qadaris extremos en el pasado, y por unos pocos hoy.

En cuanto a (el segundo nivel), es la voluntad prevaleciente y la capacidad integral de Alá, lo que significa creer que lo que Alá quiere, seguramente sucederá, y lo que Él no quiere, no ocurrirá, que no hay movimiento ni quietud en los cielos. y la tierra excepto con la voluntad de Alá (el Exaltado), que nada existe en *su* dominio excepto lo que Él quiere, que Él (el Exaltado) es competente sobre todo, ya sea existente o inexistente. No hay criatura en la tierra o en el cielo excepto creada por Alá (el Exaltado); no hay creador sino Él, y no hay señor excepto Él. Sin embargo, les ordenó a los siervos que le obedecieran a él y a sus mensajeros, y les prohibió que lo desobedecieran. Él (el Exaltado) ama a los que le temen, a los que hacen el bien y a los que actúan con justicia, y se complace en los que creen y hacen obras de justicia. No le agradan los incrédulos, no se conforma con un pueblo desafiante y desobediente, no ordena la inmoralidad, no aprueba la incredulidad de sus siervos y no le gusta la corrupción.

Los siervos son verdaderos hacedores y Alá es el creador de sus obras. Los siervos incluyen al creyente y al incrédulo, al bueno y al corrupto, al que ora y al que ayuna. Los siervos tienen la capacidad y la voluntad de realizar obras, y Alá es su creador y el creador de su capacidad y voluntad, como Él (el Todopoderoso) dijo:

$$\text{لِمَن شَاءَ مِنكُمْ أَن يَسْتَقِيمَ ﴿٢٨﴾ وَمَا تَشَاءُونَ إِلَّا أَن يَشَاءَ اللَّـهُ رَبُّ الْعَالَمِينَ ﴿٢٩﴾}$$

"Para el que de vosotros quiera seguir la verdad (28) Pero no querréis a menos que Alá, el Señor de todos los mundos, quiera." [81: 28-29]

Este nivel de destino es negado por los Qadaris promedio, quienes son llamados por el profeta (la paz y las bendiciones de Alá sean con él) como los magos de esta *Ummah*. Y un grupo de *Ahl Al-Ithbat* fue demasiado lejos para privar al sirviente de su capacidad y voluntad y quitar las acciones y disposiciones de Alá de su propósito e intereses.

CREDO ISLÁMICO

• CAPÍTULO 8 •

Entre los cimientos del pueblo de Sunnah.

Entre los fundamentos para la gente de Sunnah y Consenso está que la religión y la fe consisten en palabras y hechos; las palabras del corazón y la lengua, y las obras del corazón, la lengua y los órganos, y esa fe aumenta con las buenas obras y disminuye con los pecados. Sin embargo, no acusan a los musulmanes de blasfemia debido a pecados comunes o mayores, a diferencia[32] de lo que hacen los Khawarij. Más bien, la fraternidad de la fe se establece a pesar de los pecados, como Él (el Exaltado) dijo en el versículo de la venganza:

---

[32]son seguidores de caprichos y deseos e innovación que se han desviado del camino de Ahl as-Sunnah wa'l-Jamaa'ah, pero no los describimos como incrédulos por su innovación, a diferencia de otros que siguen caprichos y deseos.

فَمَنْ عُفِيَ لَهُ مِنْ أَخِيهِ شَيْءٌ فَاتِّبَاعٌ بِالْمَعْرُوفِ

"... Pero si a uno ³³su hermano ³⁴le perdona algo, que éste proceda según lo reconocido³⁵..." [2:178] y Él dijo:

وإن طائفتان من المؤمنين اقتتلوا فأصلحوا بينهما فإن بغت إحداهما على الأخرى فقاتلوا التي تبغي حتى تفيء إلى أمر الله فإن فاءت فأصلحوا بينهما بالعدل وأقسطوا إن الله يحب المقسطين (9) إنما المؤمنون إخوة فأصلحوا بين أخويكم واتقوا الله لعلكم ترحمون

"Y si dos bandos de creyentes luchan entre sí, reconciliadlos, pero si uno de ellos abusa del otro, combatid al que haya abusado hasta que vuelva a la orden de Alá; y si lo hace, arreglad las cosas entre ellos con justicia y siendo equitativos. Es cierto que Alá ama a los equitativos. (9) Los creyentes son, en realidad, hermanos; reconciliad pues a vuestros hermanos y temed a Alá para que se os pueda dar misericordia..." [49: 9-10]

Además, no privan al musulmán malvado de su Islam por completo, ni lo condenan a la eternidad en el infierno, a diferencia de lo que hacen los Mutazilitas. Más bien, los malvados podrían incluirse en el dominio absoluto de la fe, como en *su* dicho:

---

[33]Que haya matado a alguien.
[34]Es decir, el pariente o el tutor del muerto responsable de reclamar el talión.]
[35]Aceptándole el precio de sangre en vez de su vida.

$$\text{وَتَحْرِيرُ رَقَبَةٍ مُّؤْمِنَةٍ}$$

"...Y poned en libertad a un esclavo que sea creyente..." [4:92], y no puede incluirse en ese dominio, como *su* dicho (el Todopoderoso).

$$\text{إِنَّمَا الْمُؤْمِنُونَ الَّذِينَ إِذَا ذُكِرَ اللَّهُ وَجِلَتْ قُلُوبُهُمْ وَإِذَا تُلِيَتْ عَلَيْهِمْ آيَاتُهُ زَادَتْهُمْ إِيمَانًا وَعَلَىٰ رَبِّهِمْ يَتَوَكَّلُونَ ﴿٢﴾}$$

"Los creyentes son aquéllos que cuando se recuerda a Alá, se les estremece el corazón y cuando se les recitan sus *signos les aumenta la creencia y en su Señor se confían.*}" [8: 2] así como el dicho del mensajero (la paz sea con él), "El adúltero no es un creyente en el momento en que está cometiendo adulterio, y el ladrón no es un creyente en el momento en que está robando, y el bebedor de vino no es un creyente en el momento en que está bebiendo vino, y el ladrón no es un creyente en el momento en que está robando y la gente está mirando".[36] Decimos: "Es un creyente cuya creencia está incompleta, o un creyente con su creencia y un malvado con su pecado. Por tanto, no se le concede ni niega la descripción absoluta.

---

[36]Sunan an-Nasa'i.

CREDO ISLÁMICO

• CAPÍTULO 9 •

Los fundamentos para la gente de Sunnah y Consensus

Los fundamentos para la gente de Sunnah y Consensus también incluyen la solidez de sus corazones hacia los compañeros del mensajero (la paz sea con él), como Alá los describió en *su* dicho (el Todopoderoso):

والذين جاءوا من بعدهم يقولون ربنا اغفر لنا ولإخواننا الذين سبقونا بالإيمان ولا تجعل في قلوبنا غلا للذين آمنوا ربنا إنك رءوف رحيم

"Y los que han venido después de ellos dicen: ¡Señor nuestro! Perdónanos a nosotros y a nuestros hermanos que nos prece-

dieron en creer y no pongas en nuestros corazones ningún rencor hacia los que creen. ¡Señor nuestro! Realmente Tú eres Clemente y Compasivo." [59:10] así como en obediencia al profeta (la paz sea con él) en su dicho:" No injurien a mis compañeros. Por *aquel* en cuya mano está mi alma, si uno de ustedes hubiera contribuido con tanto oro como el monte *Uhud*, no equivaldría a un *Mudd*[37] de uno de ellos o la mitad de él".[38] Además, aceptan lo que se afirma en el Corán, la Sunnah y el consenso sobre sus virtudes y méritos, ellos prefieren a los que gastaron y lucharon antes de la conquista, es decir, el tratado de *Hudaybiyyah*, a los que gastaron y lucharon después de ella. Pusieron a los migrantes por delante de los *Ansar*[39], creen que Alá le dijo a la gente de Badr[40] que tenía trescientos trece años, "Hagan lo que quieran; los he perdonado",[41] que nadie entrará en el infierno entre aquellos que juraron lealtad bajo el árbol, como informó el profeta (la paz y las bendiciones de Alá sean con él), y más aún que Alá ciertamente estaba complacido con ellos y ellos están con Él. También testifican con el paraíso

---

[37]Una antigua medida de volumen o peso, que es el llenado total de las dos manos de una persona promedio; se estima volumétricamente en 628 ml y gravimétricamente en alrededor de 650 g.
[38]Musulmán.
[39]Los Migrantes se refieren a los musulmanes que emigraron de La Meca a Al-Madinah con el Profeta (La paz sea con él) y los Ansar (literalmente. Los Partidarios) se refieren a los residentes de Al-Madinah que llevaron al Profeta y a los Migrantes a sus hogares después de su migración.
[40]Los musulmanes que asistieron a la batalla de Badr con el Profeta (La paz sea con él).
[41]Sunan Abi Dawud.

a quien testificó el mensajero (la paz sea con él), como los 'diez paraísos prometidos', Thabit ibn Qays ibn Shammas y otros compañeros, y confirman lo que se narra de Amir Al-Mu'minin, Ali ibn abu Talib y otros, que lo mejor de esta *Ummah* después de su profeta es Abu Bakr, luego Umar, luego Uthman, y luego Ali (que Alá esté complacido con ellos) como indican los informes y como el consenso de los compañeros fue poner a Uthman adelante en la promesa, a pesar de los hechos de que algunos de los habitantes de la Sunnah no estaban de acuerdo con Uthman y Ali (que Alá esté complacido con ellos), después de estar de acuerdo sobre la precedencia de Abu Bakr y Umar, cuál de ellos viene primero; algunos pusieron a Uthman delante de Ali, algunos pusieron a Ali por delante y algunos se abstuvieron. Sin embargo, la visión dominante del pueblo de Sunnah es poner a Uthman primero antes que a Ali. Sin embargo, esta cuestión, la cuestión de Uthman y Ali, no es una cuestión fundamental que haga que el desacuerdo se considere desviado según la mayoría de la gente de Sunnah; más bien, el tema para el que es aplicable es el tema del califato (sucesión), ya que creen que los califas después del mensajero (la paz sea con él) son Abu Bakr, luego Umar, luego Uthman y luego Ali. Cualquiera que impugne la sucesión [legítima] de alguno de ellos está más descarriado que el burro de su casa. Ellos aman a la familia del mensajero (la paz sea con él), se alían con ellos y observan en ellos la voluntad del mensajero (la paz sea con él) cuando dijo el día de *Ghadir Khumm*: "Les recuerdo sus deberes para con los miembros de mi familia." Y también le dijo a su tío, Al-Abbas, cuando llegó quejándose de que algunos entre los

Quraish tratan a la tribu de Hashim con rudeza,"Por *aquel* en *cuya* mano está mi alma, no son [verdaderamente] creyentes hasta que te aman , por el amor de Alá y por tu relación conmigo". También dijo: "De hecho, Alá ha elegido a los hijos de Ismael [de los hijos de Abraham], y eligió a Kinanah de entre los hijos de Ismael, y eligió a Quraish de Kinanah, y eligió a la tribu de Hashim de Quraish, y Él me eligió de Banu Hashim". También se alían con las esposas del mensajero (la paz sea con él), las madres de los creyentes, y creen que son sus esposas en el más allá, particularmente Jadiya, la madre de la mayoría de sus hijos, la primera en creer en él y apoyarlo, y ella tenía una alta estatura a sus ojos, así como la Siddiqah, la hija del Siddiq[42] , que Alá esté complacido con ella, de quien el profeta (la paz sea con él) dijo: "La superioridad de Aisha sobre otras mujeres es como la superioridad de *Tharid* [43]sobre otros tipos de comida".[44] También denuncian el camino de los Rafidis que odian a los compañeros y los insultan, denuncian el camino de los Nasibis que lastiman a la familia del profeta con palabras o acciones, y se abstienen de involucrarse en lo sucedido de los compañeros, y dicen: "En cuanto a estos informes narrados sobre sus irregularidades, algunos de ellos son falsos, algunos de ellos estuvieron sujetos a aumentar y disminuir, y algunos de

---

[42]Siddiq/Siddiqah significa un partidario de la verdad, y generalmente se refieren a Abu Bakr y su hija Aisha (que Alá esté complacido con ellos) respectivamente.

[43] Tharid, un plato árabe común que se elabora con trozos de pan empapados en un caldo de carne

[44]Sahih al-Bukhari.

ellos están fuera de contexto. En cuanto a lo que es correcto de allí, están excusados, porque se esforzaron por llegar a un mejor juicio, ya sea con éxito o sin éxito". Sin embargo, no creen que todo compañero esté libre de pecado; pueden pecar, pero tienen precedentes y virtudes que requieren el perdón de los pecados que cometen, si los hay. Incluso son absueltos de pecados que no son absueltos para los que vienen después de ellos, porque tienen buenas obras que borran los pecados lo que no hacen los que vienen después de ellos. Se confirma, a través del dicho del mensajero (la paz sea con él), que son la mejor generación, y que el *Mudd* aportado por uno de ellos es mejor que el peso en oro de la montaña de Uhud aportado por alguien que viene después de ellos. Entonces, si uno de ellos había cometido un pecado y se arrepintió de él, o realizó buenas acciones que lo borraron, o fue perdonado por un precedente suyo o debido a la intercesión de Mohammad (la paz sea con él), porque son los más dignos de su intercesión, o fue juzgado con una prueba mundana que eliminó ese pecado, si se trata de los pecados confirmados, entonces, ¿qué pasa con los asuntos en los que se esforzaron por alcanzar el mejor juicio, y si tenían éxito, tendrían dos recompensas? , y si no tuvieran éxito, ¿obtendrían una recompensa y su falta sería perdonada?

Además, la parte que se denuncia de las acciones de algunos de ellos es pequeña y aceptable en comparación con sus virtudes y méritos de creer en Alá y *su* mensajero, esforzarse por la causa de Alá, la migración, el apoyo, el conocimiento beneficioso y las acciones rectas. Quien haya mirado con conocimiento y perspicacia la vida de estas personas y las virtudes que Alá les concedió, sabrá con certeza que son los mejores de la humanidad después de los profetas, que no hubo ni habrá personas como ellos, y que son la generación elegida de esta *Ummah*, que es la mejor nación y la más noble a los ojos de Alá.

Los fundamentos para la gente de la Sunnah incluyen creer en los milagros de las virtudes y lo que Alá hizo que sucediera en sus manos de asuntos paranormales en forma de conocimiento, revelación, habilidad, efectos y lo que se narra de las naciones anteriores en Surat Al-Kahf y otros, así como lo que se narra de las primeras generaciones de esta *Ummah* como los compañeros, los seguidores y toda la *Ummah* y que permanecerá allí hasta el día del juicio.

• CAPÍTULO 10 •

Siga los pasos del mensajero (la paz sea con él) en público y en privado.

Además, es el camino del pueblo de la Sunnah y el Consenso seguir los pasos del mensajero (la paz sea con él) en público y en privado, seguir el camino de los primeros precursores [en la fe] entre los migrantes y los Ansar, y seguir la voluntad del mensajero (la paz sea con él) cuando dijo: "Entonces debes seguir mi Sunnah y la de los califas correctamente guiados. Sujételo y manténgalo firme. Evite las novedades [en religión], porque cada novedad es una innovación y toda innovación es un error". [45]También saben que la palabra más verdadera es el

---

[45]Abu Dawud y At-Tirmidhi.

libro de Alá y la mejor guía es la guía de Mohammad (la paz sea con él), y le dan prioridad a la palabra de Alá antes que a cualquier palabra de hombre, y dan prioridad a la guía de Mohammad (la paz sea con él) por delante de la guía de cualquier otra persona. Por eso se les llama la gente del libro y la Sunnah, y se les llama la gente del Consenso porque consenso significa unidad y su opuesto es desunión, incluso si la palabra consenso se convierte en el nombre de las mismas personas que están de acuerdo. El Consenso es la tercera base en el conocimiento y la religión, y sopesan con estas tres bases todo lo que la gente hace de palabras y hechos, tanto ocultos como aparentes, acerca de la religión.

El Consenso correcto es el de los primeros musulmanes (Al Salaf Al Salah), porque después de ellos creció el desacuerdo y la *Ummah* se dispersó.

CREDO ISLÁMICO

• CAPÍTULO 11 •

Además de estos fundamentos.

Además de estos fundamentos, prescriben lo que es bueno y prohíben lo que es malo como lo requiere la *Sharia*[46], y creen que el liderazgo en peregrinación, *Jihad*, oración del viernes y oración del *Eid* debe estar con los comandantes, ya sean piadosos o corruptos, y preservan unidad, le deben sinceridad a la *Ummah*, y creen en la esencia del dicho del mensajero (la paz sea con él), "La relación del creyente con otro creyente es como los ladrillos de una pared, cada uno fortalece al otro", y él (la paz sea con él) ilustró esto entrelazando los dedos de ambas manos. Él (La paz sea con él) también dijo: "Los creyentes en su bondad, compasión y simpatía mutuas son como un solo cuer-

---

[46] es una ley religiosa islámica que gobierna no solo los rituales religiosos sino también aspectos de la vida cotidiana en el Islam. Sharia, traducido literalmente, significa "el camino".

po. Cuando una de las extremidades sufre, todo el cuerpo comparte el insomnio y la fiebre con ella". Exigen perseverancia tras prueba, gratitud tras prosperidad y aceptación del amargo destino. Invitan a la alta moral y las buenas acciones, y creen en la esencia del dicho del mensajero (la paz sea con él): "El creyente más perfecto en cuanto a la fe es el que es el mejor en sus modales". También te recomiendan que mantengas los lazos de parentesco con quienes lo rompieron contigo, para dar a los que te niegan y perdonar a los que te hacen mal. Exigen bondad hacia los padres, mantenimiento de los lazos de parentesco, bondad con el prójimo, bondad con el huérfano, el pobre y el caminante, y gentileza con el esclavo. Desalientan el orgullo, la arrogancia, la injusticia y la vanidad, con razón o no. Prescriben nobles y desaprueban las trivialidades. En todo lo que dicen y hacen de esto y aquello, están siguiendo el Libro y la Sunnah, y su camino es el camino del Islam con el que Alá envió a Mohammad (la paz sea con él). Sin embargo, dado que el profeta (la paz y las bendiciones de Alá sean con él) declaró que su *Ummah* se dividiría en setenta y tres grupos, todos los cuales están en el fuego del infierno excepto uno, que es el grupo mayoritario, y dijo en otro hadiz: "Ellos [el grupo salvado] son los que siguen mi camino y el camino de mis comañeros". Aquellos que se aferran al Islam puro que está libre de impurezas son el pueblo de la Sunnah y el Consenso[47], incluyen a los firmes afirmadores de la verdad, los mártires y los justos, inclu-

---

[47]En árabe, la palabra 'الجماعة' significa tanto 'el Grupo' como 'el Consenso'.

yen a los jefes de guía y las linternas en la oscuridad, los de las virtudes reportadas y los méritos narrados, incluyen a los sucesivos hombres piadosos, e incluyen a los líderes con quienes los musulmanes acuerdan unánimemente sobre su rectitud. Ellos son el grupo victorioso sobre el cual el profeta (la paz sea con él) dijo: "Un grupo de mi nación continuará adhiriéndose a la verdad y será victorioso, y aquellos que los abandonen o se opongan a ellos no los dañarán hasta que llegue el día de la resurrección." Le pedimos a Alá que nos haga entre ellos, que no deje que nuestro corazón se desvíe después de habernos guiado y que nos conceda misericordia. Ciertamente, Él es el otorgador. Y Alá es el que más sabe. Que Alá otorgue *su* misericordia y paz a Mohammad, su familia y sus compañeros en abundancia.

CREDO ISLÁMICO

SOBRE EL AUTOR

Taqī ad-Dīn Ahmad ibn Taymiyyah, conocido como Ibn Taymiyyah nacido en 1263 d.C., uno de los eruditos musulmanes más famosos.

Tenía un amplio conocimiento en diferentes temas y puntos de vista sólidos basados en la fuente islámica y la tradición sunnah.

www.ingramcontent.com/pod-product-compliance
Lightning Source LLC
Chambersburg PA
CBHW060350050426
42449CB00011B/2908